EN CASA DEL SUSURRO

y

otras remembranzas

Enán Burgos

ISBN: 979-10-93053-14-1

ISBN: 979-10-93053-14-1

Para mi padre,

Enán Burgos Perdomo

que me legó el tesoro oculto de la poesía.

INDICE

"Sordo, el corazón del hombre, es la sed del oro que lo guía.

¿A quién confiarse?"

Yannis Ritsos, *Las mensajeras.*

Recluido en la alcoba mientras que los otros duermen, recuerdo a ese tucán que se posó un instante en las ramas de mi niñez turbada.

Aquello fue el antaño, otro aliento me animaba, el poema como una cascada brotaba en mis labios.

¿Qué voz pronuncias ahora?

Un susurro constante que te agobia, enredadera de puyas donde vienen a enroscarse las serpientes.

Estoy pintando…

Tremebundo destello del día, angustia de ojos que se cierran para no saber.

Sentimiento entonces de un viento en borrasca, sentirse solo sin verbo ni fuerza y la faena apenas comienza.

El pavor asido en las sienes parece un molusco, del otro lado del muro, el replique de estampidos.

Están matándose…

Casa con la fachada iluminada, a pesar del esfuerzo de mostrarte alegre, tus cavidades dan miedo.

El muro blanco en tu frente termina viéndose negro; quienes pasan por delante agobiados se arrodillan.

Todo esto te lo digo sin el ánimo de herirte, pues te amo tanto y lo sabes.

¿Al fin qué esperas para abrir las ventanas?

¡Sacúdete ese desmayo!

Aquí todo pasa como si en los muros un ballet de espectros viviera enclaustrado.

A los objetos, aunque la lámpara viva encendida, la atonía los aqueja. Los mismos objetos de siempre que nuestros antepasados nos legaron rogándonos nunca arrinconarlos.

Aquellos que resistieron se han vuelto apergaminados, nos hacen sentir que en ellos anidan recuerdos aciagos.

La madre los limpia de vez en cuando con el dentífrico y el jabón; aunque brillen tanto, el entorno se cubre de un manto pesado.

Aguacero eterno…

Entre mis brazos la ausencia, paloma disecada.

Inundación de la vida y este lío en las sienes: no saber lo que es el silencio.

Bajo mi pecho la lluvia, sinsonte desplumado.

Llueve, llueve sobre los techos tan débiles, sobre las frentes tan mansas.

Desbordan los aljibes, sumergidos cristales, en las aceras el río entona su raudo canto.

Hundidas horas, barrosos días aquellos ya vividos.

Sigue lloviendo ¿Para qué mirar el cielo? Si solamente parara de llover…

Tantas cosas por decir… sería tan sencillo, pero todas las lenguas callan.

Entonces miro el mar. Chapoteo de olas, allá. ¿Quién canta en el acantilado? ¿El ahogado? ¿O es un pájaro de paso que al sentirse perseguido no cesa de musitar?

¿Tú que vives en las tormentas, gaviota serena, tu vuelo es acaso un signo de esperanza?

Y de repente se apaga la vela…

En este cuarto oscuro se siente uno difunto, echado en el lecho con ojos abiertos paginando mutismos.

Hace ya tanto tiempo…

La caricia y el beso enmudecieron, susurros del cuarto vecino, hay que parar bien la oreja, todo es amago y venganza, de la ternura ya nada queda.

El miedo nos sepulta en vida, devora y disgrega, sellando así el manantial de la lengua.

El hálito cautivo vive, espera que las puertas se abran solas para prodigar sus frases cristalinas.

En los desiertos del ser entreabierto, cuando el sol cesa de hacer brillar espinas, la voz tal un lagarto sale de su escondrijo.

En el pergamino que es la página, flujo entonces de palabras largo tiempo confinadas.

En todas las salas, en todos los cuartos, las puertas cerradas, ningún rayo entra; cierro los ojos, los viejos amores desfilan desnudos, cruzan y se van.

Soledad cuyas púas rasgan la piel íntima, necesito paz, mucha paz y también amor… espero mudo ante el espejo lo que jamás volverá.

La sombra nos liga a sus espectros, agraviado y encadenado uno avanza, de vez en cuando la embriaguez nos salva.

Anfitrión de voces muertas, nuestra lengua, para sobrevivir se dedica a trenzar alaridos y a domar vocablos.

Por miles de oraciones, ocultada, la palabra, al alba implora una bocanada de aire para renacer.

Inhumadas por el miedo, ocultas e intratables, nuestras caras, de carmín maquilladas, ciegas y amargadas, creyéndose bellas se miran en espejos donde el gris de una luz triste las demacra.

Ruegos y más ruegos, de nada sirven para luchar contra el miedo. ¿Dónde están las llaves de la dicha?

Intromisión de la otra lengua, la salvaje, dada por muerta y dejada bajo ruinas calcinadas.

Gravada en piedra, en cueva, presente entre las líneas de esta página.

La palabra, puesto que de ella se trata, es un eco que galopa en uno, cuando hay viento, su fluido autoriza la salida de aves cantoras, de aviones sin motor.

Del interior viene, entra en la casa todavía en penumbras, parecida a esos mausoleos donde de noche, sólo se oye, el aleteo penitente de algunos murciélagos.

Oscurece y temo…

El verdugo por la calle pasa pitando, al acercarse a nuestra morada, el temor nos atiesa, nadamos en sudores, murmuramos.

Igual mutismo de perros, gatos y ratones.

Agudamente rechifla cortándole al sueño las alas.

Insomnio y tinieblas, el cuerpo se nos vuelve un feto lánguido, la noche se acaba en el peor de los marasmos.

Mañana siguiente, niebla murmurante, en nuestra hosca memoria resuenan los gritos de los degollados.

Todos somos cómplices, aún el poeta, ese mensajero santiguado por las estrellas.

Cuando el susurro lo toca, se droga, se exila en la soledad de otra lengua.

Para Enán Enrique

El enemigo sale de ti mismo, de tu propia censura: dopaje de cobarde, sumisión y culpa. Lleva puestas dos caras: emboscada la una, la otra radiante.

Escondido detrás de tu sombra te empuja hacia su trampa, pues conoce de ti el mínimo pulso, la mínima codicia.

Centinela de tu sueño, oculto y zalamero, te impone su credo, presente siempre en tus actos, cerca tu vida de pánico.

Morada oscura aunque sea de día.

Soñar que la libertad es un pájaro que vuela y canta al posarse sobre los copos de un árbol.

Cerrar los ojos no es suficiente, sofocado y tenso, no paras de rememorar.

Se te ve el desasosiego en el semblante, la saga de tu frente toda expuesta al furor de las saetas.

Traición de un amigo, entra la muerte en la vida, víbora camuflada viviendo ensortijada en nuestro ente.

Sobre el lecho pegajoso, abatido por la modorra, nuestro hálito se corroe.

El calor aumenta, también la impaciencia.

Discordias, desasosiegos, los susurros vuelven más pesado el fardo de penas y esta voz honda en el túnel de los odios.

Eco sordo de la niebla, corredor iluminado, reservado a las caminatas del insomnio.

Las campanas nos despiertan y a duras penas si son las cuatro.

Las rezanderas, vestidas de negro con sus chalinas se van por las calles, en las manos los cirios babosos que las queman.

Cantan el Ave María, esa triste melodía que al corazón llega y le aqueja la sangre.

Más adelante va el señor cura, los ojos alzados al cielo, la bragueta de su sotana abierta, signo de su apostasía.

Los gallos en los patios responden a los rezos, nos llenan las orejas de una clara lozanía.

En los catres malolientes los cuerpos afligidos se retuercen, susurrando se levantan, cierran las ventanas maldiciendo las campanas que amplifican la voz de Dios.

El encono yendo por las venas le rompe al alma sus cristales lúcidos.

Desalojado, mísero, nuestro ser soporta mal la desolación, su ruina.

Aspirando a un mejor sino, una fogata encendemos para incinerar el cadáver de la última víctima acribillada delante de su casa.

Pero vana es nuestra ofrenda, humo que el viento se lleva, en el aire un resquemor nos asfixia y este olor a inmundicia flotando sobre el valle.

En medio de tanta amargura, por fortuna una madre se pasea, va a la fuente, en el hueco de su mano lleva un grano: deseo de vida.

¡Oh semilla, nuestro suelo radiante sería al ver florecer sus prados!

La palabra, ella, estaría presente, favorable a la paz inculcaría en las mentes la idea de una tregua.

Río de la paciencia, manso y claro, gracias a ti, a tu onda taciturna lejos de suspicacias la voz recorre su margen pura.

Olas hechas de amor y espuma, prodigiosas lavan la tirria que enturbia nuestro fondo.

Apaciguamiento, frase que al fin brota venida de tan profundo.

Sobre las altas ramas de los mangos, diadema de luz, concierto en plena aurora de chamarías, toches y azulejos, picoteando el blando fruto que le pide al pico un mordisco menos fuerte.

Corazón tan grande, el de aquellos mangos partidos en dos por la saciedad.

Selva madre, en ti el cielo se nos pierde, penumbra de luz verde donde viven duendes refugiados entre helechos.

De noche tus sierpes transitan por la dermis de los sueños, sus silbos húmedos nos visten de escamas monstruosas.

Mañana siguiente, nos levantamos con brío, dispuestos a barrer las escamas que dejara la horrible pesadilla.

Pero el hastío crece…

Grandes son tus lianas, tus raíces gruñen bajo tierra mientras que en nosotros la oquedad susurra.

Letal unión de tu hiedra y mi vacío.

Soñar con una tierra menos dura, donde cada quien, cándido, se ocupe sin miedo de su huerto.

Coros del cielo, himnos mudos hoy, sonoros en aquel tiempo cuando todo era bonanza.

Barahúnda, fin del mundo, entonada cada día por el hado incandescente que reluce y que luego se nos pierde.

Sol amigo, gracias a tus rayos nuestra frente es menos ciega, humanos pero turbios, clamamos tu misericordia; aunque seas ya sombra, albor amado, aún tu canto rebosa en la sangre.

Al sentirnos en peligro la saliva se nos seca, el hálito se hunde, pero una voz lejana nos mantiene alertas, pregona la vida, aquello te anima para no dejar que el verdugo extienda su feudo.

Las bisagras oxidadas chillan, redoble de ventanas agitadas por la brisa venida del río.

Bajo los techos el olor agrio de cuerpos sofocados, amando se manosean, y tú los oyes desde tu alcoba, reír y gemir a veces.

Ronquido luego, el instante preferido del mosquito, siempre al acecho, venerando la sangre enmelada por el vaivén amoroso.

Y así quedaron las ollas sobre la mesa, vacías, vacías… Un vacío que da náusea.

Cucharas de palo, totumas y chirimbolos anclados por siempre amén. Las tinajas con el verdín en los labios se lamentan, albergan en las panzas murmullos funestos.

Todos los chócoros, sepultados poco a poco por el tamo del verano. El halo de la limpieza, por el cual la madre tanto cantaleteara, se fue esfumando día a día, hasta volverse la casa, el espacio sucio de la nada.

Día tenebroso, la mano negra vino a llevarse al hermano.

El rumor corría que lo buscaban para matarlo, pero por suerte, durante la noche cayó un tremendo aguacero.

La inundación fue tal, que la corriente se lo llevó dormido flotando en su cama, río abajo, hasta los dominios de la niebla, donde muy resuelto, se esfumó.

El padre era un ser demasiado taciturno, nunca hablaba, cuando lo hacía era para dar órdenes.

La madre obediente, una tarde de esas, la jaula abierta, en un leve descuido dejó escapar el sinsonte.

La libertad sin avisar abre rejas y rompe esposas.

¡Oh palabra natal! Sepultada bajo una lápida, la historia nos enseñó siempre a menospreciarla, a nunca añorarla, pues según sus preceptos siempre fue pagana.

¡Oh mutismo que atolla el pecho! Delirante pesadilla, despertar afiebrado, tos y más tos... ningún aliento... escalofrío... jarabe tan amargo; a esto se agrega la sumisión, la angustia de sentirla viva murmurante bajo la coraza que oprime su voz.

¿Quién habla aquí? Nadie…

Por eso este gruñido tantas veces pronunciado cuando soñamos asidos por el hambre.

Ella debe renacer, natal la palabra, ya es tiempo de ola espumosa, buena para recoger y oír caracolas.

Acordarse de la niñez vivida en aquel patio donde jugabas con duendes y hadas… El palo de guayaba agria contra el muro por donde te escapabas, en un rincón sombrío el corral para las aves, la alberca milagrosa, follaje del deseo…

Acordarse, apenas soñador, para no caer en nostalgias ni lloriqueos, una de las tantas plagas que hostigan la cosecha de los versos.

Volver a ese patio, jardín placentero, para resembrar la tupida yerba que escondía el misterio.

Voces de la infancia, inéditas e imperiosas para engendrar el poema, que también es un niño caprichoso, que de día se levanta de su cama como si fuera de noche, a mirar las estrellas y se pone a dar gritos si no las encuentra.

32

Triste, triste tiempo, de ión encapuchado inyectado en sí. El día corre cojo, el ente contra un muro espera callado, repleto de lágrimas, se orina...

Pasos del fantasma yendo encadenado por los pasillos de ese caserón viejo y que todo el mundo, con voz de pánico, dice no escuchar.

Por las calles la vida es otro cuento, más ruidoso, menos íntimo, una tragedia banal escrita con sangre derramada dejando siluetas que los perros lamen y que nadie se atreve a lavar.

Crujen las tablas, silbos del viento, las ventanas baten mientras que la palabra muere acurrucada en un rincón.

La puerta abierta de par en par, oigo un sollozo… ¿Qué pasa? Nadie responde… todo es mutismo, hermético…

A los muebles, camas y escaparates, unos hombres armados vinieron a buscarlos hoy.

¿Mudanza tal vez?

¿Dónde demonios iremos?

La pregunta de los desposeídos.

Nadie lo sabe.

La desahucia de los desterrados.

Juntos no estaremos más.

La agonía de los huidos.

Lloriqueo de la madre, tumba que el padre parece reclamar.

Al padre lo mató la traición.

Esa hamaca, ahí vacía, era la suya.

El olvido lo sepulta hoy.

Así habló la flor.

Una muerte injusta como todas las muertes.

Así habló el dolor.

Sus rasgos presentes en mí, en los otros, en los que nacieron después y sin haberlo oído nunca, recitan sus versos con el mismo señorío que lo hiciera él.

Repetidas veces su sombra nos protege.

¿Está muerto de verdad?

Estando muy lejos no pude asistir a su entierro.

Su rostro hecho ayer de sensaciones ha cesado de hablar, de sonreír muy generoso.

Duelo, madre, hermanos, mientras que yo, errante...

Tristeza. Día de otoño en París, sol ausente, todo se ve gris, deseo también de morir, ganas de gritar, continuo ir bajo la lluvia…

Garganta atorada, final de la ceremonia, el loro Pepe, quien también tiene el derecho de llorar, me representa, muy esponjoso repite los versos de Lorca:

"A las cinco de la tarde.

¡Ay qué terribles cinco de la tarde!

¡Eran las cinco en todos los relojes!

¡Eran las cinco en sombra de la tarde!"

Armas enarboladas, gajos de granadas, fuertes explosiones, lo que no es ficción.

Realidad feroz, aquí y allá, batallas, bombazos, incendios y más destrucción.

Por lo menos una tregua para enterrar a los muertos.

Pero no, recrudecimiento del pavor.

Decir esto no es tan fácil, además no sirve de nada.

Segados nos dejó el tiroteo, volvió añicos el amor.

¿Zanja cavada para quiénes?

Ojos que una mano cierra; tan pequeños y eran soldados.

¡Cuidado que hay una mina!

Despojos sobre prados yertos, tanta sangre derrochada, azul o roja da igual.

Hay quienes muy a gusto viven ricos de matar.

Rapaces glotones, un día de estos, molidos a palos, bajo horrendas rejas responderán por sus atrocidades.

¿Quién sabe?

Tierra madre, sobre ti el tiroteo que desquicia y que nunca parece acabar.

¡Ay desdicha, los pobres habitantes de la aldea abatidos todos!

El rumor dice que eran… tomates rojos.

El rumor puede un día… ¡Cesa ya de hablar!

Estoy convencido… ¡Cállate por favor!

Susurro de mí, de ti, de todos aquellos que petrificados dejaron un día de comer tomates, excepto los verdes o los de árbol, que aunque se llamen así no son tomates y muy melosos se beben en jugo, la saliva amarga de tanto silencio.

¡Basta de susurros! ¡Si quieres hablar, hazlo ya!

La verdad clavada en un crucifijo, la lengua lame su llaga, la limpia con el filo.

La verdad es un balón inflado próximo a estallar, dice el niño huérfano balanceado en su caballo de palo.

¡Ya estalló!

Fragmentos de alientos impresos en páginas donde el silencio cohabita con el reto.

¿Sigues susurrando?

Como el río de hoy…

Un silencio agrio, de limón o de guayaba, amargo también cuando masticas crudezas.

Ciruela verde de la juventud que también sufre, su dolor escondido detrás del retrato. Mozuelos pálidos, pantallas para el engorro, juguetes del virtual engaño, internet para las pajas ¡Tú cacareando y ellos ordeñándote!

¿Quiénes son ellos?

¡Genios del letargo!

"Quelle vie ! La vraie vie est absente. Nous ne sommes pas au monde."

La voz siempre viva del lozano Arturo.

Cara sin salida, su sed dando gritos sabe que es más cómodo callar que opinar.

41

Las matanzas ya son costumbre, se hacen en pleno día, todo el mundo las comenta y las olvida.

El Estado juega su papel, no es necesario decir cuál es, el mundo entero lo sabe.

La mudez de las bocas desconoce a los asesinos, espectadores de la crueldad arqueados por el miedo, en quienes desde hace tiempo la voz yace yerta.

Así existen, susurrando vacuidades detrás de las puertas como cerdos que gruñen atollados en un corral.

Imposible pintar en medio de tal bullicio, asediado día y noche por las histerias del televisor, las furias y los discursos patibularios del tirano.

Para mi suerte, en los momentos cuando todos dormitan viene a mí un ángel, un ángel para quien mis pinturas son cielos donde libre vuela el sublime éxtasis.

Sus alas blancas me guían por lo negro. Me voy por el lienzo, flotando, sin hacer caso de nada, como cuando jugaba a la gallina ciega.

Para Jaime Taboada

Hamaqueando y tejiendo locuras viajas hasta el umbral de lo eterno.

Tu casa de día es un vergel de apegos, risitas de brujas, a medianoche, resuenan entre matas.

Criaturas nocturnas del limbo pueblan el entorno, bailan fandango, beben, desaforadas gritan, desafinadas cantan, rastrean aquel herbario de amores buscando el fruto prohibido.

DIN DON, DIN DON, doce campanadas… Tertulia, hablan entre ellas, susurran para no despertar a Don Pito.

Amigo del alma, no naciste para hacer esfuerzos, tu oficio: el arte de echar cuentos y de vez en cuando recoger los mangos.

Para Silvia Jaramillo

Era un falso loco.

Su mejor papel de comediante: loquear.

Hábil para inventar sus locuras.

Comprendió que en estos países santiguados para ser poeta tienes que ser crucificado.

Por eso un día enfadado se fumó un cacho de marihuana, se desnudó, se fue a la iglesia, se subió en la cruz, abrió los brazos y entornó los ojos hacia Dios.

Todos murmuraron: ¡Qué loco es, es un poeta!

Los poetas mienten demasiado, así lo afirmó Platón, que tantas horas de su vida a la verdad dedicó.

Al abrir la boca se nos ven baúles, aldabas, candados, como si en el fondo guardáramos un secreto aterrador.

La boca espera el eructo, el brote del yacimiento contenido tanto tiempo en las entrañas, pero nada sale.

Susurro nuevamente, gruñidos atorados señalan nuestra abulia.

En la alcoba, el escaparate cruje, parece un gigante que duerme de pie y cansado lloriquea en silencio.

¡Basta ya de cuchicheos!

La creciente y su murmullo nos desbordan y ni siquiera poseemos una barca amiga sobre la cual bogar.

Para H. Galo Vurgos P.

La mala yerba, la pringamoza invadió el jardín, el muro que iluminaban las astromelias derrumbado hoy.

El viejo loro olvidadizo pregunta ¿quién es?

Cuando hay brisa chirrían las bisagras oxidadas como vértebras arcaicas.

¿Qué va a quedar de nuestro caserón?

Polvo de silencio.

Sólo el guayacán florecido de adelante, inflexible resiste al paso del tiempo.

Golpes malévolos, golpes del bulldozer, no se rinden los cimientos.

Para Gloria Amparo

Manigua aún en todas partes. Con tus uñas cavas, bajo el impaciente sol…

Testigo del desastre, esperanza y dolor, prosigues en la fosa…

¡Señores de la propaganda, en vez de decir sandeces, váyanse y déjenme cavar en paz! Ustedes muy bien saben, que ese cuerpo en vida vivió libre anhelando otro sino y fue por eso que lo asesinaron.

Día malhumorado, llueve y llueve, el tiempo suspendido nos toca así esperar…

¡A comer!

Salir del cuarto, bajar la escalera, ir hacia la mesa, sentarse en el mismo asiento de siempre.

Comer con desgano, sin hablar, todos abatidos, devorados por una desidia abismal.

Afuera la lluvia, inunda las calles haciendo entrar las sierpes en las casas, momento húmedo y cíclico.

Atorados o cohibidos, nudo en el plexo, soplo en el bajo vientre y mudez en demasía…

Coca cola, desaire y asco.

Calavera que se asoma por ahí, merece una tumba florecida con su cruz y su epitafio.

Palas que la han maltratado, viéndola surgir, la fosa avergonzada, cierra los ojos.

Supe de ella que no tiene nombre.

Nos dejó su grito eterno.

Te alberga una nueva casa, minúscula, en un edificio feo, un infierno caro, en ella vives estrecho con los huesos achicados.

Ni siquiera hay un balcón para salir a tomar aire.

En ella hasta un ratoncillo sufre.

Tropiezas contra los filos.

Las hormigas aquí no caben.

Tu vida de pájaro no merece tales jaulas.

Bajo los puentes de la memoria pasa el remanso, descienden canoas y balsas cargadas de vituallas.

Corriente que baja regando el valle, Babilonia renacida en cuyas bellas terrazas la voz humana comienza.

Brillar de la luna llena, soplos del humilde monte, escucha lo que te dictan los rumores de las aguas.

Rezo de tu propio eco, pasan los mismos murmullos, el atardecer incendiado, la penumbra por delante.

52

Acostado sin pegar el ojo, retorcido y tembloroso, en la hondura de mi pecho el bombo del corazón destemplado.

En lo más recóndito, solloza una voz melindrosa; remonta, hincha mi cuello, me sale por la nariz, por las orejas, ulula la acepción de su palabra.

Desvelo sempiterno, el pensar va por canales parece un hilo de agua.

Una araña peluda baja hacia mí por un chorro. ¿Qué hacer con el ovillo del miedo?

Embate del comején belicoso, acedia la casa, venera las tablas de ceiba, los horcones de mangle, las patas de mesas y mecedoras.

Invisible devora ventanas y puertas; la guadaña de la muerte con sus mandíbulas va segando los cimientos.

Caserón murmurante, honorable ayer, carcomido hoy por alimañas; en la noche crujes, un polvillo cae de tus vigas, se altera tu techo, tus horcones roídos resisten, tus paredes aunque agrietadas risueñas, llorar sería un error…

El asedio prosigue, parece no tener fin, ¿Cómo hacer para acabarlo?

Haz de tu voz un estruendo, el susurro con su recelo cómplice es del espanto.

Tal vez ese montón de huesos tirados ahí, tibios todavía, podrían hablarnos de la guadaña que los ha segado.

Un sólo indicio sería suficiente para tejer la trama de la verdad.

Crudos yacen en la fosa donde fueron arrojados por verdugos que escupían sobre ellos su cinismo.

Desmiente de militares, alegatos despectivos de gobernantes, medallas para asesinos.

Vida pendiente de un hilo, la del pobre jíbaro, víctima siempre del guascazo de la violencia.

Patio que amparó la infancia, hoy adoquinado… tus flores, tus mangos, guayabas, papayas, zapotes, nísperos, mamones y peras, siguen guindados de las ramas de mí mismo.

Brisa de aquella ternura cuando impúber, la nariz con la cual respiro, clamoreaba al besar las azucenas.

Contradanza de amarillas mariposas sobre los hicacos y bonches.

¡Al fin vuelvo a ti! Tantos lustros sin venir, tantas cosas por decir…

Respiro aún el olor de aquel pretérito en los cardos, en las rosas, en el rocío de las hojas y en la savia de los tallos.

Encuentro entonces mi voz, mi voz de niño, no fingida, que canta y grita bajo la lluvia, desnuda.

Cansada mi flauta de vivir susurrando añora melodías claras, a sabiendas que ya es mayo y el jardín se ve radiante.

Aunque tantos destellos, la siniestra sombra del miedo nos yugula y esta modorra perpetua que marchita nuestro estar.

¿La paz, dónde se podría encontrar, en la muerte tal vez?

¿Y si ella existiera en la vida también, como cuando se ama feliz y que besos nos arrullan?

La paz es una flor suave que al ser arrancada se cierra, difunta en el florero, exhala un olor seco que predice nuestro exilio, nuestra ausencia.

Para Francisco

Espigas celestes, maizal de tu estancia esclareciendo lo que oscurece lo íntimo.

Luna llena, su halo nos alumbra, empreña la vista de círculos, nos da la clave para alcanzar el poema.

Por fin una tregua, todo es lira y arco, Orfeo venturoso, pero no se sabe hasta cuándo durará su canto.

Despierto de este sueño, extranjero, con ojos de exilio voy hacia la mesa, arranco la página y la tiro.

Lo ayer escrito fue una pluma abierta que se quedó muda cuando cortaron el agua.

Hinchazón de la corriente, a su murmullo se añaden los alegatos de alcoba, el crujir de las maderas, las cadenas del fantasma, los zumbidos de las moscas y el rezo de las rezanderas.

¡Esos susurros dementes ya no los soporto más, es tiempo de quebrantarlos, de abrir las rejas que nos condenan!

¡Por fin el remanso dulce! Saltar y zambullirnos en las sinfonías del caudal, como un pez libre, feliz en el agua que pasa y que nunca volverá.

La brisa nos hamaquea, la canoa se diluye, el Sinú nos lacta, la palabra nada o se tira del puente, sobre los campos en ruinas, retornan las mariposas.

Para Ampa

¡Ay de nuestro terruño! Tan feliz sería si a la paz le brotaran alas.

Y esta garganta reseca, amordazada, balbuciendo la misma palabra de siempre: libertad... libertad... libertad...

Rumor también de la fuente manada del hechizo, el jardín marchito reverdece, volver a sentir el aroma del jazmín y la azucena, también la fragancia nocturna del carácter del hombre endulzando el amargo hogar.

Consciente de todo esto, hasta la agorera luna irrumpiría soñadora y tu mano generosa y verde llenaría nuevamente de flores las macetas que adornan terrazas y balcones.

Y llena de vida, luego de abrir sus puertas y ventanas, nuestra casa cantará.

¡Oh, no! Clamor nuevamente de campanas.

¿Qué anuncian en un día tan claro?

¿Alguien ha sido abatido?

Por fortuna celebran las fiestas de Mayo.

Las campanas sazonan nuestro quebranto, le añaden ecos al desvelo, piadosas invocan la voz que recelosa deambula en nuestro pecho.

Casa del susurro que le das la espalda al mundo, escucha tu propio silencio, vuelvo a escarbar tus cimientos para saber tu verdad.

Si en tus recintos viviera el amor, nada sería en ti terrible.

¿Por qué vivir sepultada, cuando podrías ser siempre un amparo, donde el cantar embellezca las paredes de la vida?

Paz tan añorada, si tan sólo existieras un instante, seríamos felices.

Pero no, susurro y miedo, vivienda llena de versos dormidos y trivialidades.

Sólo en sueños se puede hablar de cosas ciertas.

Te quedas mudo inerte en la cama, descansas de todo matando las horas.

¿Qué esperas para salir? Interminable es la lluvia...

Libre, libre, libre.

Llanto anegando tu suelo.

Insiste, insiste, insiste.

Aleja tu sombra siniestra.

"¡Ay de aquel que sus males ausente llora en mudas soledades!" Susurro de Quevedo…

Últimas gotas, primeros rayos, alza la cabeza, el cielo ya claro, renace tu hálito.

CELOSÍA

Voltear el rostro

Espejismo de una cierta intimidad

Apta para amar impone el culto

De la estrecha vanidad

No ver a nadie

Espejo donde eres esa masa de ilusión

Opacidad sin dispensar

El mínimo beso

 El mínimo rayo de sol

Cuerpo preñado de seducción

Destinado a ser el oro

De su propia vacuidad

Todo a su alrededor

No es otra cosa que confusión

Detalles

La retórica de la verdad

Aplicada a cuanto ofrece

Los reflejos de la mar

Detrás del velo

Caras del desvelo

Colores de agosto sin luz

En la niebla la barca avanza

El ojo sigue la estela

La cámara sigue el ojo

Un sombrero abandonado

En el muelle del adiós

Hallar por fin el lugar

Para reír

Para rumiar

Rincones donde hallarse

para hacerse así olvidar

Antaño

La luz doraba las mentes

Hoy la gente lucha contra el tiempo

Y la imagen que cada cual

Posee de sí

Impide toda relación

Artista

Rodeado de espejos

Ansiosos ojos

Su obra

Una vasta colección

De celosías

Toda luz

Inmediatamente yerta

Toda voz bajo influencia

Destinada a embelesar

Y nada más

Apariencia

Di lo que se esconde detrás de tu faz

Dilo sin pensar

Como el chaval que ante el charco

Ignora su teatro

Viéndose jugar

De ese rumor que corre

Prefiero no hablar

El poeta se ha vuelto

Garitero de estrellas

Si algún día

Sobre el entablado

Lo ves humear

Su ser incinerado

De tanto deslumbrar

Aquel que mora en lo alto

Sobre el anciano índigo

De nuevo aparece

Sus ojos orientales

Legañas del confort

Reyertas en las cimas

Parcialidad

No le dejes al fraterno

Las voces laceradas

De la crueldad

Esa quimera llamada premio

Explora tu sinceridad

Cuestiona la fosa

De ti mismo

Ceguera que nos rige

Públicos guiños

Aplausos cortos

Otro peldaño por escalar

Agita el ego su blasón

Narciso

Preside todos los partidos

Todos los equipos

Vida íntima

Privada de su reflejo

Deseo informe

Elabora imágenes

Turbias más que el chisme

Ni ciertas ni falsas

Fomentan la depresión

Aunque el placer

Esté decaído

Existen grageas para sonreír

Boca que emite destellos grotescos

Mueca y palabra hueca

Festival de silicona

Ironía de modelos

Sobre la frente

El celo encendido

La sabandija envidia

Y todo te parece

Cristal arrugado

Diciéndote no

Imagen de sí

Coraza externa

Que vuelva el puñal que te lacera

Y traspase y desprenda

Uy   ay   tu himen

Que vuelva ya

Haciendo del poema un colador

Donde a escurrir se ponga

La ensopada lengua

Dejad la muerte proseguir su ruta

Y a la lenta vejez cavar su fuelle

La silicona estúpida te afea

Momia pareces hinchada de vientos

Caderas boca senos afligidos

Urge en el ojo la belleza

Puedes llamarme Azucena

Me dice surtiendo su olor

Al husmearla no la siento

Retorna a su presunción

Noche de boda

Muy almizclada

Del sexo

Los pétalos

Le huelen a cebollón

Era una mañana de sol

Un día claro

Salir al balcón

Nada anormal por la calle

Sobre la mesa un juego de naipes

Hago un solitario

Era una mañana de mayo

Me suena entonces la idea

De hacer una fiesta

Me voy donde el bodeguero

Compro un garrafón

El festín comienza

Cantos gritos y jaleos

Pero aquello termina en *puñera*

Cosa usual en mi país

El crimen derrama su tinta

Egos muertos

Era una mañana de sol

Embrujo prodigado

Por el vino en la voz

Qué esplendor

La lengua se desata

Los mitos hablan

Y hasta se ven oblicuos

Los rayos del farol

La seda reemplaza la púa

Tu pelo lo hosco

Las palabras derramadas

Espontáneas miman

El deleite del amor

En la mano la jeringa

Para calmar el vacío

La inyección dura muy poco

Ay Dios mío duele tanto

Rito de cada jornada

Sueño de genealogías

El galeno va de casa en casa

Cada hogar tiene su loco

Y cada loco su ficción

Entonces cercado en la hamaca

Llegan los primeros signos

La apariencia se desploma

Fascinada por la luna iluminando

Las ruinas de su razón

Esas nubes blancas son un desastre

Diáfanas un instante

Luego cargadas parecen

Enormes sacos de plástico

Fauces abiertas

Embuchándose el agua del océano

Repletas e idas

Se empiezan a desmigajar

Nada reconoce tu memoria

Cómo volver a lo cierto

Durante ese lapso de tiempo

Una armada de excrementos

Ensucia toda apariencia

Cráneo onírico

Sombras descomunales en su interior

Más ciclópeas cuanto más públicas

Y expuestas al sol

Cráneo magno

Navío de paso

Su estela se va diluyendo

Como un turrón de azúcar

En el fondo de un pocillo de café

Soluble también

Aunque el tinto

Dulce lo bebas

Anclado en el alma

Amargo es

Fragmentos sin sentido

Retales de vivencias sobre el muro

Que me sirve de papel

Secreto y distante

Fiándose a la mano

El lápiz traza el bosquejo

Siguiendo al pie de la letra

El dictamen de la luz

Y de noche

Cocuyos en el maizal

Insomnio y fumo

Asido por la oscuridad

Visitado

Por una silueta difunta

La de mi madre Amparo

Ya sentado en su regazo

Me entona una canción de cuna

Sin hablar

Así la amada amistad

Aunque muda

Siempre viva en el corazón

El resto es traición

Mari posa en demasía

Corre y corre tras la gloria

De nada valen los silbos

De su pubis siempre al aire

Un mortal pasa y la ignora

Mari posa y despechada

Se arroja contra la tierra

Destrozándole a su frente

Las antenas que le sirven

Para ahuyentar a los bichos

Mari posa en la vitrina

Buscando celebridad

Pero en ese mágico instante

En *Sète* la luz se va

Era amante de los helados

Sobre todo de los de coco

El cono con las dos bolas

Ejercía sobre su lengua

Un magnetismo mimético

Que lo incitaba a lamer

Hasta su propio reflejo

Era un Narciso retórico

Muerto de melancolía

Al derretirse en su mano

El falo de la egolatría

Espectro oficial

Subido

En un tinglado

As

Izado por siempre

En el asta

De la estupidez

Al revés

Funciona el carrusel

Con el deseo perdurable

De oír tocar la fanfarria

Completamente chirriada

Segunda vuelta

Tercera vuelta

Un enano le hace la corte

A un querubín de papel

Sobre el lomo de un estegosaurio

Recita un verso al revés

Sodep setsirt o sasir

El evento tuvo lugar

Del tinglado hacia la mar

La lenta vejez sin sombrero

Olvido en el muelle

Al darle el último beso

Sobre el entablado público

Mari posa en demasía

Detalles detrás del velo

Celosía no obstante abierta

Asida por la oscuridad

Ansiosos ojos

Cocuyos en el maizal

"Celosía"

Fue escrito en el jardín de Darboussières

Fréjus - Francia

En la hamaca de colorinches

Colgada entre dos moras

Algunos días después de acabado

El festival de poesía "Voix Vives" de Sète

En el que participé activamente

En cierta medida en este poemario

Brotan de manera sutil las impresiones

Dejadas por dicho evento

Agosto 8 de 2011

PLEAMAR

Montpellier - Francia

VOLVER A LA TRAMA INICIAL

AL MIRAR HACIA ABAJO

El aeropuerto de Londres se achicaba, reducido a un reino de hormigas ante la elevación del avión, yendo veloz con su estruendo por el firmamento. Anieblado el mirar por el cielo boreal, quedó atrás la vieja Europa… Se enhiela el ente del pasajero que soy a pesar de las semillas de fuego guardadas en su corazón, mi faz palidece, se me enfría también la sangre pilotada por el miedo. Lo visible se deshace, el ave de la nada encima; gira el avión hacia otras latitudes, hacia otro mundo ceñido por un sol erguido comprimiendo sombras. Vapores que son recuerdos de aquel pretérito de agua. Retornar al cabo de tanto tiempo… cesa ya de inflar lo funesto, vas con tu vida por el ancho cielo hacía un mundo de destellos. De la tiniebla me saca una voz código "Señoras y señores, por favor, abróchense el cinturón de seguridad pues estamos atravesando una perturbación." Los ojos me arden, más veía por la escotilla aquel vacío esférico y más el vértigo me acobardaba. Entonces pedí un alcohol, fui servido, bebí, pues ninguna plegaria lograba apaciguarme. Ya embriagado, me lleno de ardores y con linterna mágica recojo, uno a uno, los pasos que me alejaron de mi terruño natal.

BOGOTA ENTRE NUBES

Lana refugio de pulgas. Acontece que pasada la inmigración, la piel erizada regresa a su sillón. En la cabeza se siente una tremenda opresión debida a la altura. En aquel aeropuerto, ojos que son llamas merodean escrutando lo que tienes. Al llegar casi muerto, después de once horas de vuelo y dos escalas, uno se siente precipitado en un hueco cercado por puñales. El cansancio aumenta el desamparo, la altura, el desaliento y el frío afectan la paranoia. Viajar ha sido para mí una cruz, en cada aduana he vivido siempre un calvario, el estupro de ser colombiano. Nadie vino a recibirme. Desde la más temprana edad soy un apátrida, nunca, pero nunca pude acomodarme a los blasones, lo que agita banderas me repugna y adular jamás fue luz en mi camino.

QUE DIOS PROTEJA ESTE TAXI AMARILLO

Casi al borde de un colapso, culebreando en medio de un turbante de puentes colgantes, corriendo en las entrañas de un reflujo violento, entre camiones, buses repletos, vehículos tan locos que de tanto pitar te marean. También entre el humo vislumbro carretas jaladas por mulas. ¡Bogotá, la bulliciosa, estoy al fin en tus embrollos! El taxi avanza desaforado, pita otra vez más ¡Acá voy, quien quiera sus huesos que se aparte! Va crujiendo y sin sentido, embistiendo bultos grises y flácidos que proliferan sobre el asfalto, cruza con alharaca las avenidas, los puentes de la monstruosa y habitada urbe. Llovizna asquerosa como siempre oscura y tétrica. Cordillera de los Andes, sus nubes lloronas vienen a trinar en cada vidrio, en cada ventana; a partir de las once coronan las cimas de los cerros, allí se quedan estancadas, más tarde, ovejas mal humoradas, ennegrecidas se eternizan y van cayendo congojas sobre la meseta. Lluvia que da modorra, y nada se puede hacer, ningún deslanar que aclare… quizá sí, adorar el fuego, llevar el espíritu iluminado por un rayo.

OTRO VUELO

La elevación hacia un suelo diferente. Los picos de la cordillera parecen rascar las alas del avión. Contemplo las supremas cumbres nevadas, los ríos allí nacidos alimentando los verdes valles; la latitud de lo mío con sus cascadas interminables, pensaba conteniendo el llanto. Queriendo avivar mi emoción, le pido un whisky a la azafata. Señas de bruma de la vieja Europa continuaban a helarme la sangre. Hacinamiento de nerviosismos auxiliados por el alcohol en las venas. Miro por la escotilla, busco en vano el horizonte, la tierra cada vez más achicada, vuelvo a cerrar los ojos, cuando los abro los Andes desaparecidos, pues el avión bajaba ya inclinado hacia el valle del Sinú. ¡Ah, morada tan amada que ya vislumbro! ¡Hogareña y ardiente seas! Alivio en mis pupilas al verte tan avituallada, un verde tibio que me quita el frío. Sublime felicidad en mi rostro, aumentan de tamaño los árboles al aterrizar. Entregado a mirar por la escotilla, siento en el pecho que todo se acelera, como también un sentimiento de hechizo sin palabra alguna para contarlo. ¡Llegar, al fin llegar! Canturreo para atenuar lágrimas, las cuales sigo disimulando… Vagos recuerdos de infancia, se reaniman formas petrificadas, aquello me parece un espejismo. Al bajar del avión veo a mi madre y a mi hermana Marielena, felices en medio de un gentío que desconozco. Imposibilidad de reconocer rostros: nueva generación, viejas caras con dejadez dilatadas por el tiempo, en ascensión como la mía, hacia lo pálido.

SINÚ TONIFICANTE

Pisar de nuevo esta tierra, llenar la vida con su verdor y su aroma. Es lo primero que pienso al percibir el Sinú y sus aguas mansas. Las garzas, la canoa, el boga casi desnudo sobre el remanso inmanente empapando de sortilegios el ámbito. Los cebúes vienen a beber a la orilla, mugen contenidos en el agua. Una iguana se zambulle al escuchar el crujido de la hojarasca bajo mis pasos. El camaleón corre de pronto sobre una rama, vestido de espesura se tira con precisión en el epicentro del remolino. El nido venerado de una chamaría, altísimo, en el cogollo de un guamo. ¿Qué más se puede desear? Parar de ser ciegos. La satisfacción, la tentación de dejadez en sus aguas para quitarse el engorro puesto por tantos años de recato y conceptos. El animal que eres resucita entonces, va sediento y malicioso entre guaduales, amigo de un poeta muerto que creyera en el hechizo de la naturaleza. Iré a visitar su sepultura ? No lo creo, terminamos alejados. Sigues ya en lo blando sin pronunciar palabra, tus manos y brazos amorosos de un bejuco sardanapalesco. Aunque el caudal vuelva turbia el agua, el paisaje se viste de un verdor asombroso. Vas también desbordado por lo ancho de aquel río, del cual sigues hablando como si fuese un recuerdo. Sinú de mi añoranza, alejado de tu orilla, anegaste sempiterno mi memoria.

CIERTOS SENTIMIENTOS

El abrazo de la madre contiene también el beso del difunto padre. Hado que encontró su reino acariciado por el remanso, embebido me invade la humedad reinante… El mismo rumor me obstina a pensar en los torbellinos de la niñez. Gracias a un pez que salta me salgo del mutismo que traen los recuerdos y empiezo a preguntarme, alegremente, si las sombras de mi vida no han sido pruebas decisivas para atravesar tantos abismos. Humedad mágica, respirar lo viviente sintiéndose ondulante, el pensar abierto, bien espumante. Un arroyuelo de júbilo vierte en mis venas la sangre que me faltaba. Ciertos sentimientos reaparecen, se imponen perceptibles a pesar de una nube entre la penumbra y mi memoria… Distingo en las sucesiones del tiempo que retrocede, la presencia aún viva de seres queridos hoy bajo la tierra. Emergen de lo profundo, azulan la cuenca de lo vivido, advienen como aves que van del poniente hasta el levante. Sin más requiebros avanzo, el aire almibarado, a cada flor su mariposa, un rumor casi inaudible envuelve de fascinación la orilla. Totalmente poseído, siento la necesidad de desnudarme, de bañarme en las delicias del remanso, pero no me atrevo, la amenaza paternal me lo hubo prohibido cuando niño.

AGUAS MANSAS O MUERTAS

Embalse. La idea de ciertos micos usureros. Con sus historias de progreso redujeron el río a un sumidero sin corrientes. Al que se opone lo desaparecen. Heroicos cuerpos aventados o descuartizados que el raudal arrastra hacia lo salado. Antes de volverse esto un horror, el Sinú fue una tierra de provisión. En ella, ciertas especies hoy desaparecidas fueron imágenes vivas de un jardín maravilloso entre tantos otros de este continente. Gigantescos campanos, bongas, palmeras, ceibas, guaduales, guayacanes y guamos daban a sus habitantes la ilusión de vivir en el Edén perdido. Atardeceres rojizos, reflejos dorados, tibieza también de la húmeda brisa sumergiendo la visión del ribereño en lo sublime de un cielo de acuarela. ¡Ay! Tan triste se siente uno cuando se está lejos… Caminaba furtivo buscando las señas del pasado en el presente, escrutaba el horizonte para atesorar el fuego de la hermosa tarde. De repente se me escapa un grito punzante ¿Pero qué estoy viendo? ¡Playa en pleno invierno! Roto el sortilegio del Sinú por el embalse. Comprendí entonces que para soñar, de ahora en adelanta, va tocar descifrar en las grietas de la niñez extinguida, los fragmentos que aún quedan del río bajo el cemento. Fragmentos que aquí a nadie interesan, pues sin darse cuenta del desastre, viven convencidos, que gracias al embalse, una importante iluminación entró en sus casas resolviéndoles el oscurantismo y el aburrimiento.

DIABLITO VERDE

Con la inocencia en las alas vuelas sobre esta tierra de hechizos; todavía conservas los signos de los dictados del aire. La mínima flor abierta te aspira, te enhila en el enigma. Nacarado por el sol bailas, siempre atento a las flores que te aman. Del río te fascina, como a mí, su peligro, su sopor provocando lejanías, maravillas, quimeras de la espesura entreabierta. Entonces reluciente te vas sobre el agua a buscar sosiego en el remanso que pasa. En pleno vuelo, mensajero de lo invisible, te sacudes el polvo que duramente hubo opacado tu transparencia. En plena posesión de la luz y sin mojarte la cola te paras para admirar tu reflejo, reflejo que no sabes tuyo, pues le dejas esa vanidad al narciso. Alejado de certidumbres te entregas a lo mágico amparado en lo real. Las mieles del río, azuladas a deshoras, le dan sentido a tu vuelo.

MAPANÁ CAMUFLADA ENTRE BEJUCOS

Sigilosa, esperando el momento adecuado para dar el zarpazo mortal, en medio de tantas otras fieras que han elegido la muerte como la sola verdad. Las hay rurales y urbanas, según la rudeza del suelo que las propaga, el comportamiento al fin y al cabo es el mismo. Tras de ser camufladas y feas pretenden ser buenas comandadas por maldades; en realidad la sola razón que las mueve es la codicia. Con gula entierran la ponzoña en la sangre del que lleva en su fuga aminorado el ánimo. Entre lo aguado y lo mustio se deslizan, muy astutas se entierran para ocultarse un momento, subterráneas hablan entre ellas, al mismo tiempo que preparan las ballestas para arreglar cuentas o para sus venganzas. ¡Ah, peste de alimaña! Con su odio desigual y sin tregua, su silbido inflama las venas y sus colmillos siempre listos y afilados para matar más y más. Los curas que por delante dicen odiarlas pero que por detrás las protegen, predican y las santiguan de una manera macabra, cruel y atrevida. Te apartas de lo tupido para no ser mordido, regresas al camino claro que conduce adonde no hay patrañas. Pero tu pie sin quererlo toca la descreencia.

UNA ALGARABIA SILVESTRE

¡Aguacate! ¡Zapote! ¡Níspero! ¡Mamones! Agujas de una voz aguda redoblando sus gritos me sacan del hondo sueño. Lindes inhabitados… medio tonto y de improviso despierto. Rascándome el cogote, continúo oyendo los gritos del voceador, voy hasta la ventana para verlo, le hago seña… Con la palangana cargada de frutas sobre la cabeza alza la vista, se acerca con los mismos gestos y las mismas muecas de antes, en su torso cobrizo, desnudo y sudado se reflejan los rayos del amanecer. El griterío taladra las orejas ensordeciendo la radiante armonía de la mañana. Sus endulzadas y chisporroteantes palabras, a fuerza de insistencia, terminan por abrirle el hambre a la panza. Comer lo anunciado por vocablos dulces, enmelados, chispeantes presiden centellas, alteran el deseo, reduplican la saliva, nos hablan del cielo y de sus días tan claros, como también de todos los rostros de la luna, del genio amarillo del sol, de los verdes senos de la tierra, bordean tu cuerpo de redondos orígenes y en las entrañas, ya digeridos, le dan fuerza a tu semen encanecido. Seis de la mañana. Calor creciente. Cuerpo consciente de su coma climático, en sus venas anida el sopor, la pereza ancestral opuesta a la usurera eficiencia venida del hielo. A pesar de la pesadez me levanto a admirar la claridad; rutilan en el potrero vecino los cuernos de las vacas, la garza airada del corazón se pasea indolente sobre las aguas, un puerco en desasosiego gruñe, escarba con su hocico el lodazal estancado bajo los mangos. En pocos minutos, una sinfonía de pájaros afinadísimos trinan dándole notas de albor al oído. De rama en rama, de gajo en gajo, adornan el ambiente, picotean lo blando, batiendo luego las alas, ociosos vuelan hacia el fruto de otro árbol. ¡Aguacate! ¡Zapote! ¡Níspero! ¡Mamones! ¡Chirimoya! ¡Anón! ¡Caimito! ¡Mango! Aumenta el hambre en su verdad anacrónica. Compro frutas para un festín: colores muy bellos invaden mis ojos, lo dulce mi respiración… el calor aumenta, la lluvia es para mañana.

AÑORADOS MANGOS

Fruto oval, maduro ahora para aliviar la añoranza. ¡Memorial de sabores, no conserva! Aunque no curan el hambre, en la boca chupados dan un júbilo idéntico al beso. Ocasionan suspiro. ¡Ah, tu carne, almíbar del apego! Lengua de todos lamiéndote, besuqueo insinuando amor precoz, tibias caricias, fértil deseo, infancia de la vida y madurez de tu cuerpo. Balbuceo este delirio bajo el árbol más amado de mi alma; saboreando el instante, la boca recibe en su lago una marea de delicias. Chuparle la pepa al mundo luego de haberle pelado la concha de la amargura. La lengua embadurnada de amarillo continúa en su delirio balbuceante de placer. Mango de corazón que mordiscos y chupones se pelean y pelan dejando lista la semilla para germinar. Mangos de fecunda paz como el de calidad, el mejor en el paladar, suspira quien olvida su tedio mientras lo lima con la lengua. También los hay de azúcar, de jobo, de piedra, de paloma, de durazno, de chancleta, de puerco, de rosa, de canela, de ciruela, de mamey, de *bocalareina*, la lista es larga, toda una colada procurándole al ser: gozo, deleite, dulzura, embriaguez, embrujo, resuello, sosiego, cantos, risas, fiesta, sexo, todo, todo, menos tiempo. Bajo un sol de ciruela, apetecidos gajos cuelgan de las ramas, en ellas se reúnen deidades y maravillas, guirnaldas de pájaros salidos del arco iris: petirrojos, azulejos, canarios, toches, pericos, cotorras, mochuelos, *sangretoros* y chamarías, jacarandosos vienen a picotearlos. Aquello se vuelve un deleite, un concierto para que uno se quede lelo lamiéndole la pepa al desnudo mundo.

TRAMAR DE LA ABUELA

En la mecedora de bejucos hecha siguiendo el ejemplo de la trama inicial, sentada se halla la abuela tejiendo el tiempo final. No desperdicia palabras. Teje sin alzar la vista, pues para ella el horizonte no existe ya. Ejecuta nudos que hace y deshace con fe y aleluyas; palomas siempre volando y rosales y escapularios ritman su tejido. Lejana se siente de aquel tiempo en que su ser, sobre las cimas, infinito desconocía muros. Ahora inválida, vincula su oración a los lamentos de la espera. En su inmovilidad le vienen visiones que contempló cuando niña: las cosas para descifrar puestas en el umbral de sus pupilas, la bandada de simulacros que le cruzaran por delante, un torrente de ilusiones que apaga ya la muerte... Tejiendo recoge pisadas, anuda sinsabores, recuerda caricias, reconoce huellas, el polvo sacude sobre la ventana... El hilo de la vida, más veloz ahora, lo urde lapidaria. Hilo menos sedoso hecho de ausencia y olvido y a punto de romperse... Espabila, se endereza, mira entonces el afuera, con una sonrisa en la boca esquinada de tristeza. Y así sigue tejiendo, tramando el pasado y el presente, el futuro lo deja de lado, pues perteneces a otro velo, el cual ya presiente.

SE APAGAN LOS SUEÑOS

Escribo entonces con aprehensión sobre la bazofia constante en la cual nos sumerge la maldita guerra. Definitivamente, rotos los sueños, tramar palabras es el mejor remedio para evacuar lo que desgarra. Acabo por escribir esto y comienza a sangrar en mí una herida milenaria, furioso maldigo el conflicto que nos mina y petrifica. Belicoso entorno, tus caminos a recorrer se deshacen, en ellos sangran nuestros días porque la bestia en el hombre se escapó de la jaula. Despiertan las penas, le suplico al cielo que nos dé un ángel, un ángel guardián que nos proteja con sus clarines de luz de lo feroz y sangriento. Alguien se asoma a la puerta, con una mirada oscura me anuncia que fue rota la tregua. Balazos y tiroteos truenan no muy lejos, gemidos y súplicas… Crece en el rostro el desasosiego. ¡Nunca, pero nunca tendremos paz! Dicen que hay cientos de muertos… ¡Matarifes inhumanos! Descuartizan, asesinan, destruyen la inocencia, triunfan sobre lo frágil, lo taciturno, aniquilan lo que no aceptan o no comprenden en sus sacrosantas cabezas. Crece la venganza, el pecado de matar ya no es pecado. Estampidos, clamor sangriento, corren cual fieras a la batalla, buscan ser heroicos, multiplican sus matanzas, como tigres y panteras intimidan o devoran, aniquilan lo justo, ebrios de ferocidad vomitan lo horrendo que se difunde cual torrente de sangre sobre el valle. Furor de unos, miedo de otros, atrocidad, incendio y desván, no hay boca que se atreva a pronunciar palabra. Pandillas armadas hasta los dientes que apabullan y aniquilan apagando nuestros sueños. ¿Hallar entendimiento a un tal desatino? Mudez total en casa del susurro. El eco del tiroteo se oye más fuerte. Por todas partes se ven tenebrosos buitres en el firmamento, van buscando sesos, tripas, algún bocado sazonado por lo agrio, atraídos por la flor en trance de la sangre, caen de lo alto al olfatear en el aire el olor a cadáveres… Matanza otra vez más, lo verde ensangrentado, volver la cabeza para no mirar los cuerpos insepultos, decapitados. Pasar de largo, simulando no ver nada, entre muertos que nadie reconoce. La saliva espesa que un gesto de asco escupe como un disparo. Andar ligero, esquivando, exhausto por el espolio que apaga nuestros sueños. Mejor me callo. Sobre el papel de la tarde dejo la pluma decapitada.

ANTES DE VOLVER

Tuve mucho miedo, miedo de morir. Algo se agitaba en mí, una voz interior me torturaba, me presagiaba despierto como en sueños un avenir funesto. Desposeído de toda valentía quise anular el viaje. Muchas veces me desperté empapado en sudor, mi razón no lograba persuadirme de que aquello no era otra cosa que una estúpida obsesión. Después de mucho tiempo alejado, volver a mi tierra me parecía un desandar, una terrible quimera, un eludir la ascensión hacia las cumbres del destierro. "¡Si regresas morirás!" Petrificado, como un cobarde me hundía en la obscuridad de las sábanas buscando refugio en otra estancia, pero la melancolía humillaba más y más mi brío. En las madrugadas vomitaba, lo que me calmaba, sólo así lograba conciliar el sueño. Al despertar, la nostalgia me rehundía pensando entre cuatro muros en mi terruño menguado por la guerra… mi valle amado, el toche libre en la selva hecha de lianas y raíces tentaculares, sirviendo ahora de refugio a lo horripilante con sus matanzas irreparables. Ver esas flores estampadas en la pared me daba rabia, púas me atravesaban la garganta, el corazón me latía triste y mi rostro perdía el color rojo de toda alegría. Pero el eco de una voz lejana me llamaba a deshoras, me sentía entonces menos flatulento y usado… La poesía llegaba a tiempo, me salvaba un instante, me replantaba el alma de luciérnagas, la cual dejaba de ser un arado de tinieblas. El corazón se me llenaba de ardores, viéndome entonces en la lejanía nadando en remolinos azules, bien vivo, pez indefenso, escapando a la inexistencia en los dulces raudales de mi tierra.

ÉXODO

Juan de Dios, machete en mano, inspeccionaba quejumbroso las matas de maíz que algún andrajoso le había pisoteado. Miró las últimas luces del atardecer con una mirada macilenta, olfateando cual perro sintió la lluvia a pesar del tiempo radiante. Aquellos destellos rojizos en el fondo, sobre los montes, presiden siempre las nubes sobre el Nudo del Paramillo. ¡Caramba, con tanta lluvia nunca voy a terminar el desmonte! Navegaba todavía en suposiciones, cuando su mujer lo llamó con estrépito, helada por el miedo le gritó que por ahí venían los matones. Y así salieron huyendo, despavoridos en medio de la noche, dejaron atrás el rancho, la parcela de tierra que nunca más volverían a pisar. Cargaron con lo que pudieron acompañados de toda la familia. Huían en un comienzo aturdidos por el pánico, con la expresión en la cara de quien va perseguido por un espectro. Se enredaban en matorrales, tropezando en raíces y bejucos, caían en zanjones, llevaban la cabeza hecha una calabaza entalegada, toda la piel rasguñada por las espinas de la maleza. La abuela sufría en silencio, víctima del cansancio pereció entonces. Desaliento, dolor y sofocación. Cargaron con el cuerpo de la difunta envuelto en una hamaca. Apresuraron el paso, a eso de las doce del día, bajo un sol de plomo llegaron a *Tierralta*. Allí la enterraron, luego de miles trámites e indagatorias. Así terminó para Juan de Dios y su familia, el primer viacrucis de lo que sería el éxodo de toda una vida.

MONTERIA Y LA QUIETUD

El murmuro constante del río y su remanso… El tiempo de pronto, con velocidad, hizo de aquel campamento apacible en la margen derecha del río, una ciudad sin quietud a punto de estallar. A tientas buscas tembloroso las cosas de tu niñez en lo hondo… Años atrás todo aquí era lento, nada se agitaba, los segundos pasaban braceando, el Sinú con su voz silenciosa arrullaba lánguidamente las hojas de los árboles. Los muertos se levantaban, venían en las noches a visitar a los vivos, luego de cuentearlos en sueños se volvían a los sepulcros dejando en las mecedoras del alba ciertas cenizas. Los dioses Zenúes, vislumbrados en lo celeste, de todo lo vertical hacían un horizonte de perfecto ocio. La tranquilidad reinaba, nadie tenía pistolas ni puñales. Todo rencor y odio se esfumaba, incluso el viento de los huracanes al llegar allí, ya mudo, se convertía en brisa, en una ligera brisa refrescante que le secaba el sudor a los cuerpos hamacados. Plenitud del ser entre pajales que son marejada. En la avenida frente al río, repites hoy los mismos pasos, arrastrando contigo innumerables recuerdos. Aparecen, al barrer el polvo, los momentos íntimos de tu niñez… Oyes ruidos del antaño, escamoso vas por las sombras sin dejarte ver de nadie. De repente, sobre la espalda, sientes un manotazo ¡La mano asquerosa y peluda del *Cagaronci*! La mirada aterrada intentas escurrirte, das un brinco, lo vuelves a mirar, le arrojas una moneda como lo hubieses hecho antes. El espectro de aquel loco boludo, que cayera muerto hace ya más de treinta años en este sitio de la avenida a causa de una saturación etílica, recoge la moneda zigzagueando y, con el mismo descaro pérfido de antes, se baja el pantalón defecando delante las narices de la gente, que al pasar por ahí, para molestarlo, le tiraban piedras, gritándole ¡*Cagaronci*! ¡*Cagaronci*! Pues aquel pelele bebía tanto ron, que cuando defecaba, las moscas de sólo sentir el olor volaban borrachas hasta caer muertas. Sigues andando, sobre tu espalda la marca del manotazo del *Cagaronci*, te paseas por la avenida primera, llegas al sitio donde jugabas al escondite, a los indios y a los vaqueros, al trompo, a las bolitas de cristal, a volar barriletes y a las cuatro esquinas. Delante de ti, la casa de tus primeros años. Para mejor mirarla cruzas la calle, te quedas lívido al verla transformada en oficina. ¿Qué pasó con tu cuarto, con la alberca en el patio donde metías la cabeza porque la asfixia te hacía sentir un vigor raro bajo el vientre? La acacia y el guayacán en el jardín de adelante fueron cortados, el murito rosado que la separaba del corredor fue rasado también. Una melancolía terrible te recorre todo el cuerpo y el desaire te vuelve de piedra como un muerto. ¿Es posible? Te preguntas ardiendo de rabia. Era tan hermosa aunque no tenía linda fachada, la han desfigurado, la volvieron fea, no la quiero ver nunca más. Desde aquel instante, cuando pasas por delante, resignado volteas la cara, prefieres mirar el río, el cual se desliza trémulo usurpado por el embalse. ¡Desastroso progreso! Maldiciendo continúas tu camino, entregado al dolor o a la angustia de ver tu ciudad histérica, frenética, trastornada por las ganas de parecerse a otras tantas urbes privadas de quietud. En su ampulosa tontería, el cerebro encajado de artificios, creyendo en prendas de fantasía y adornada de un estúpido abalorio, Montería, suelo de quietud, perdió su armonía. Ciudad perniciosa, embrutecida por un bienestar material impropio, sin saber qué hacer con una multitud de desplazados de guerra, sin sumidero, disecada por el soborno, la drogadicción, el alcoholismo, la miseria, el crimen, la infamia, el menosprecio, la injusticia, el rapto y la eterna corrupción de sus políticos. Sacudida por un hambre soez, inhumana entra ya en la decadencia que conocen las mayores urbes del mundo.

QUE NADIE ME HABLE

Todavía estoy enojado. Mi ÉL y mi YO distanciados no se hablan, si se juntan se disputan, en sueños trata el TÚ de reconciliarlos. En este día tan ardiente, meciéndome en la hamaca experimento la necesidad de ser un poco filósofo. Difícil tarea esta de filosofar, es más fácil fantasear. Observando fijamente el ventilador dar vueltas y vueltas colgado del techo, espero algún sortilegio para celebrar lo que soy, claro está, si el calor me lo permite. Mi memoria muscular me informa que le agradaría que mi YO se durmiera, pero mi ÉL, en su insomnio lo atormenta. Pobre cuerpo jalado, desarticulado por una guerra de pronombres. ¿Qué hacer, qué inventar para escapar a semejante complicación? Repetía y repetía la misma pregunta sin respuesta. El sopor gana terreno, me balanceo más y más en la hamaca blanca que me alberga, el calor es tremendo. Procuro aplacar mi enfado… La noche llega al fin, menos cálida, vestida de reflejos de luna me dicta lo celeste.

DIA SIGUIENTE

Nubarrones en el horizonte... Bandadas de *pisingos* cruzan el cielo yendo hacia la ciénaga de Betancí; al verlos volar dibujando letras, me quedo soñando... Consigo al fin ponerme a pintar, le abro las compuertas de lo invisible a los colores de esta tierra ¡Está espectacular! Replica la dulce Marielena con una sonrisa en los labios, observando atenta las berenjenas que mi pincel colorea furtivamente sobre el lienzo. Todas esas frutas y flores colgadas en las paredes le han transformado la casa en un jardín metafísico. Cuadros apreciados muy atentamente, cosa rara hoy, en pleno siglo de sabia introspección o de egocentrismo reservado al espectáculo de la mortificación entre televisores. Pinturas de frutas y flores que no quiero llamar "bodegones", más bien "vanidades". Modeladas sin mucha pompa deslumbran el espacio interno, dan un vigor natural, llenas de luz copulan la visión, puestas en paredes conducen la imaginación por un sendero de profundísima serenidad. Toman forma sin imponer semejanzas. Figuras de lo real sin gestación racional, anormales, colgadas del muro le irritan a ciertos ojos la lógica que los ciega; en otros más puros, suavemente siembran asombro, presencia y tesoro.

CARLOS DESAHUCIADO

Por los conceptos churrosos que han embarrado el arte en Colombia, vino a visitarme. Siempre retórico y buenmozo a pesar de las canas que coronan su expresión. Me cuenta algunos asuntos, dialogamos con la misma pasión de antes, siendo amigos desde la niñez, sin rodeos nos relatamos anécdotas, chismes, maullidos y sinsabores. Carlos sueña con París, donde vivió un largo tiempo. Como hace parte del *jet-set* de Bogotá y conoce tanta gente en todo el país, sin duda, gracias a él, voy a poder tener noticias de… No, mejor no le pregunto nada, pues esto es asunto engorroso. Luego de rememorar recuerdos, más animado nos invita a ir con él a Isla Fuerte.

RIENDO ESCONDO EL MIEDO

Más preocupado por el caos que vive el país, que por la situación churrosa del arte en Colombia, no ceso de preguntarme si es buena idea partir con *Corinne* hacia Isla Fuerte. La presencia de extranjeros por estos territorios atiza la codicia de ciertos goleros. Carlos, muy confiado, me asegura que no hay ningún peligro. Diez de la mañana. Luego de los preparativos necesarios, al interior de una camioneta refrigerada, acompañados de cuatro franceses amigos de él, emprendimos la ruta, apretujados en medio de sacos repletos de comida, galones de agua, matas ornamentales y otras cosas inexistentes en la isla. Corina como la llaman aquí, va dichosa, los otros franceses cantando, Carlos riendo y hablando un francés voluptuoso, yo desesperado, con el miedo de nuevo encajado en las vértebras.

CUANDO ESTOY ANGUSTIADO

Siempre sueño con mi padre. Lo veo vivo, nunca muerto, en medio de una luz extraña. Después de abrir el anjeo y tocar a la puerta entra en la alcoba con su guayabera blanca, esbelto y solemne como siempre fue. Antes de hablarme me mira un instante... ve en mí el engendro de su contradicción, la oveja descarriada cuando la luna está llena, el hijo perdido y precipitado en abismos repletos de antros. Su mirada me arroja su afecto, llena mi voz de silencio, ante su falso enfado acabo por agachar la cabeza... Mi padre plantado adelante acaba una vez de mirarme, cortésmente le cedo la hamaca. Algunos lazos profundos nos unen a un existir común y secreto: el amor por la poesía, querer ser poeta en un mundo que extirpa de raíz el ser y su presencia, dándole predilección a la apariencia. No somos adversarios, por el contrario, compartimos una melancolía tácita que nos mengua el ánimo, nuestro sólo remedio, pestañear sumergidos en la hamaca amada que da viento a nuestro desconsuelo. Las raras veces que conversamos, nunca hablamos de nimiedades, ni de boberías y aún menos de chismes; una misma lengua se enraíza en nosotros: la voz interior, anónima e íntima, que alienta el poema.

PLEAMAR Y NIEVE

Mediodía. Ya en la chalupa a motor el mar Caribe empieza a picarse, el solazo al cabo de un cierto rato nos tuesta la piel. Uno de los tripulantes, el que maniobra el motor, al ver una de las francesas meter el brazo en el oleaje, desacelera « ¡Cuidado qué hay tiburones ! » Carlos traduce aquella advertencia con una sonrisa diabólica. *« Il faut faire très attention, c'est infecté des requins. »* Numerosas olas balancean la barca y la hacen traquear. De repente el motor deja de ronronear, todos volteamos a ver al capitán, éste, parado en la parte de atrás de la embarcación, le señala maliciosamente algo a su ayudante. Con cautela la chalupa gira acercándose a lo que flota en la mar, es una masa blancuzca metida en un saco de plástico, el ayudante sujetado del borde recoge el paquete y sin abrirlo lo esconde con afán. Lo que aquí cuento es cosa corriente en este mar de leyendas, hace parte de su ufanada corriente, que nos ofrece ahora, allá en la pleamar, un tesoro caído del cielo. Sumergidos en suposiciones, cabizbajos continuamos nuestro viaje en silencio, la cabeza pesada de conjeturas a propósito de aquel saco insepulto en las aguas temblorosas. *Alors, c'était quoi?* me pregunta Corinne, al pisar tierra. Nada, nada, absolutamente nada. *Il me semble avoir aperçu quelque chose.* Como puedo le explico que en el Mar Caribe existen todavía piratas desalmados con una cara horrible y para evitar desastres lo mejor es no abrir la boca ni darse cuenta de nada.

VENUS TROPICAL

El administrador del hotel no es caribeño, viene del interior del país, se llama Maciste… Sansón… Hércules o algo así. De fornido no tiene ni un pelo, su gordura flácida hace pensar más bien en alguien lascivo, flemático y fofo. Tiene por mujer una india jacarera y hogareña que le hace de comer y le limpia el hotel. Delante del fogón, fritándole el pescado y oyendo vallenato, ésta india menea el sexo con tanto ardor, que eyacula bailando sola. Sin que se dé cuenta, la veo en su jaleo, entonces toma cuerpo ante mí, claramente, la frase de Asturias : "El trópico es el sexo de la tierra."

QUERELLAS DE SAPOS

¡Qué algarabía la de estos sapos todo el día discutiendo! ¿De qué pueden hablar? *Alain* zangoloteando desesperado coge una piedra y la arroja en el matorral para callarlos. Imposible, la habladuría persiste aún peor. ¿Cavilaciones de locos quizá? A los franceses no les interesa para nada el concierto de los batracios, a mí sí me gustaría saber lo que dicen. Curioso, le pregunto a un pescador de paso, "¡Cierren bien las ventanas que esta noche va a llover relámpagos!". Así dicho y así hecho. La cola de un huracán por poco se lleva la isla. Día siguiente. Nos levantamos trémulos pensando encontrar todo arrasado, para nuestra gran sorpresa el hotel estaba intacto, ningún rancho, ninguna palma, ningún árbol por el suelo. Los nativos recogían los cocos caídos, cantando aleluyas le agradecen al cielo el haberles evitado el esfuerzo de tumbarlos. En el matorral, después de la tormenta, reina un silencio copioso. Abundan charcos para un reflejo. Serenidad de los sapos sembrando sus plegarias en el bochorno del tiempo.

TIRADOS SOBRE LA ARENA

¿Qué pensar de estos franceses que no quieren volver a su patria? Dicen que se quieren quedar a vivir aquí. La sola idea de regresar a París, a sus trajines cotidianos los encorva, los aterra, les ulcera las venas. Divagan en sus angustias... Algo nunca vivido, descubierto en el destiempo que se vive en esta isla les ha quedado anclado eternamente en los sentidos. Víctimas, según ellos, de una civilización robótica y aburrida, en la más mínima brisa oyen una proclama contra la carga de significados que ha remplazado lo poético en sus vidas. Irremediablemente abrumados, ni siquiera el arte, ese pájaro salvaje del pensamiento, logra avivarles el ser ausente. Una máscara de conceptos los sumerge en especulaciones y polémicas devastando todo el humano silencio. La poesía, ese instante de presencia, extirpada ha cesado de hablar en ellos. Insolencia de la impostura. Expulsada ya de sus cuerpos, el alma, se les ha ido a buscar lo maravilloso en los confines oprimidos de la tierra. Misión de redimir el mundo. Humanismo narcisista, bullicioso, demasiado proclamado... El mar Caribe los desbautiza ahora. Metamorfoseados en camarones, la fantasía del lugar se les ha vuelto ya un mito propio. Reconciliados con el clima insano del trópico detestan el higiénico frío del viejo mundo. Desean cambiar de piel, de nombre, de rumbo, de lengua, borrar en el pensar toda medida. Volver a ser oscuros.

LEYENDO A OSCURAS

Leo el periódico oficial. Se abren las páginas de la palabra enlodazada. Un huracán va a venir... corrijo ciertas mentiras: el problema del subdesarrollo que nos asfixia, nunca tendrá salida, mientras las cosas de la necesidad no se fabriquen aquí. Usurpada fue nuestra esencia... Comercio secretamente orquestado por la retórica de algunos banqueros. Largas metáforas, bellas metonimias, alegorías emboscadas moldeando arcaísmos... Embolia del verbo, encaje mal tejido y grosero momificando el origen... Pregones de frailes, gritos de cautivos se oyen aún en las mazmorras de la conquista. Oro hurtado todo, confiscado por la fatuidad de los castizos canallas. Vergüenza del sol. Apretar los nudos, un tirón a la izquierda y dos a la derecha. Desarraigo. Creer en sus santos de palo, según ellos no es idolatría, pero en los nuestros, sí. La lista sigue... Vivir es pecar, morir es nacer, no rezar trae diablo, es decir enfermedad, etcétera, etcétera... Torno la página: Anochece, Cantaclaro a oscuras, límites salvajes: paludismo, sarna y malaria. Limpieza social la noche de ayer. Estacazo que entierra sin haber vivido. Piadosa lectura: ¡Dios mío que calor! Remiendo de leyes, lágrimas se vierten, verdad sepultada... Fiestas y banquetes sosiegan conciencias. El cimarrón moderno ya no quiere trabajar, no quiere pasar el trapero, ni raspar el pavimento, ni limpiar inodoros. Pereza que brota, indeleble, de una raza acostumbrada a echar pedos, fiestear, copular y referir cuentos... Fotos de sierpes, fiestas de muertos y avisos de entierros termina mostrando el latoso periódico local.

CREDO EN LA OSCURIDAD

La luz se ha ido cinco veces hoy… El embalse en vez de claridad produce agonías. Los alimentos se dañan en los congeladores. La podredumbre propia a lo corrupto, multiplicada por la sofocación tropical, causa nausea y desespero. ¿Adónde ir a ventearse, a la hamaca blanca de nuevo? Un vapor de excrementos… Pedir auxilio, ¿a quién? Gracias al apagón por fin se calló el picó ensordecedor del bar vecino. En el pajar de la esquina del frente, la *mapaná* enroscada en lo negro vuelve y muerde a otro perro callejero. Y La noche sin luceros. Barahúnda marchitando el oído, ruido de una motobomba ¡Brabrabrabrabrabrabra! Alguien desperado busca dormir a no importa que precio… ¿Buenos días, durmió usted bien? ¿Yo sí, y usted? Yo no. Indiferencia total del vecino. Cuando escribo esto, la luz no ha vuelto, pero por fortuna hay una flor en el patio, un bonche bien encendido, signo de que la luz es más que un fluido eléctrico.

VENCER LA CEGUERA

Trama inicial al fin tejida por Penélope. A fuerza de hilvanar en la oscuridad a la espera de Ulises, se está quedando ciega. A ella no le importa, pues no se quiere operar la precoz catarata, de todas maneras ya se acostumbró a tejer a oscuras y a quedarse sola. Cuando la luz llega, desacostumbrada, le hiere los ojos. Ella dice que es en las tinieblas que el alma teje mejor. Viéndola en su labor me quedo perplejo. En filigrana trama, los finos hilos del alba.

VIDA TAN VENTUROSA

En la oscuridad se sienten cosas extrañas. Ambigüedad de la mente. Del fondo, el ser emerge, viene a realizar su tragedia. En el espacio infinito, consciente de su límite, lo que le revela la luz es demasiado evidente. Edipo se engolfó los ojos para mejor dejar fondear en su puerto el barco de la verdad. Momento de plenitud, me parece que las estrellas me dictan su magnetismo. Imantada mi alma por la vibración de la noche. Extraña visión. El fulgor del firmamento me ilumina. Bombillo indolente, te falta entusiasmo, difundes tu luz sobre un mundo opaco. Terquedad nominativa. El ojo se cierra, herido entonces por luminosos letreros. ¡Ay, no! ¡De nuevo ese blanco que ciega! Para ahuyentarlo hay que vociferar, ensalzar lo negro, tocar a tientas la piel del amante breve.

¡YA VINO LA LUZ!

Y ya llegó Ulises. Se fue la magia. Todas las cosas reaparecen provocando en mí una indigestión de ruidos. Como decía el notabilísimo boticario Pito Taboada, que en paz descanse, "Estoy persuadido que para ser inteligente no se necesita ver las cosas." ¡Ah, viejo verde! Tu maravilloso humor disipa la modorra, tu metáfora sin fatalidad instaura la anciana dialéctica en el corazón de tus amigos. El espectro de mi padre, entre otros, en las noches de tu vejez solitaria viene a visitarte. Íntimamente te recita su poesía y cuando cesa tu le insinúas, "Enán, tu poesía social me aburre, deberías más bien exaltar el burbujeo hiperbólico de Amparo." ¡Ay, viejo verde! Ya no eres nada. Lontananza de tu cuerpo hoy sepultado, algunas palas, dos martillazos y te fuiste hacia abajo… Y para acabar como se debe novelizaste tu muerte, al cerrar tu mismo la lápida de la tumba. Montería sin tus chistes, engorrosa y acalorada, espera tu resurrección.

AMPARO

Dos de la tarde. Corre el rumor de que a Amparo la van a condecorar. Por buena musa, por madre ejemplar y por su desinteresada ayuda a la comunidad. Por avenidas y calles el lento rumor corre… Antes de llegar a sus oídos, la Parabólica, su amiga difusora a los cuatro vientos de todas las noticias buenas o malas de la ciudad, con ademanes de honor se lo viene a anunciar. "Mira Ampa, te van a condecorar." Amparo, limpiando el espejo de su tocador, se pone sonrosada sin dejar su labor. Jamás aceptará esta condecoración, para ella servir a su prójimo es el deber de todo buen cristiano. *La Parabólica* con chanzas la encoraja, Amparo vuelve a repetir que jamás de la vida ella aceptará. Aquel ajetreo hace reír a Bernardo, siempre malicioso, oyendo medio dormido en la cama la conversación. La televisión en el cuarto prendida a todo volumen; ante tanto jolgorio, el petirrojo Copete se pone a cantar mientras que el teléfono suena mil veces. ¿Cómo diablos hace el pobre Bernardo, que trabaja tanto, para dormir en medio de semejante bullicio? En país de bandidos los hombres honestos trabajan mucho y duermen poco, son bueyes. Si tuviéramos la paz aceptaría, replica Amparo, *La Parabólica* sube más y más el tono de la voz, la irrita hasta tal extremo que se le baja la presión. Pintando en el balcón vecino, decido intervenir para calmar los ánimos. *La Parabólica* se retira telúricamente, mientras que Amparo termina de limpiar el espejo, coquetamente se mira, coge un peine y se lo pasa con mucha elegancia sobre las canas. Por fin Bernardo se duerme, Copete come y salta, yo continuo con mis pinceles, la casa entonces se pone el índice sobre los labios…

FRANCISCO

Tecleo de palabras. De tristeza no quiere morir. Su poesía vomita la pena forzada. Antología de una guerra interna clavada en su ente de sombras. Renunciar quisiera a su oficio de inspector del trabajo para poder escribir. El ave del vacío sobre su ser vuela, entonces ebrio de tragos canta: *Publiqué desencantos/ superé contratiempos/ estudié prohibiciones/ desgracié a mis amigos / y perdí estupendamente el tiempo*… En las horas muertas viste lo mediato, miel en su mirada que se aventura por el otoño. ¿Cuál otoño? ¡Ese hermano tuyo está loco, en Medellín no hay otoño, solamente hay primavera! Refunfuña Ketty. También hay censuras añade Francisco. Y así va su vida. Sea la verdad dicha. ¡Ay no! ¡Para que te maten! Replica furiosa, Ketty.

RAUL Y YO

¡Ay del pobre Raúl, en vida tan odiado, en muerte tan amado! Este asunto engorroso merece por lo menos un libro entero, pero trataré de ser breve. Nos conocimos en plena flor de la vida y este encuentro se lo debemos a nuestra amiga tan amada María Josefina Yances Guerra, que en paz descanse *la Fina*. Raúl y yo, siempre llevados por un Edipo descomunal; el teatro fue nuestro refugio y juego de predilección, una manera propia de transferir lo latente, de travestir lo prohibido, de dar rienda suelta a nuestra pulsión de vida y también de muerte, amparados bajo el manto de Dionisio. Aunque fuera diez años menor que él, apenas nos conocimos fuimos como uña y carne, pero con el tiempo, la rivalidad artística nos volvió como perro y gato. Igual que a mí, le gustaban los mangos, los zapotes, los nísperos, las carimañolas, los quibbes, las empanadas, los patacones, las rosquitas, la marihuana, los hongos alucinógenos, el teatro griego (las comedias de Aristófanes, las tragedias de Esquilo), las películas de Pasolini, la poesía de Baudelaire, Rimbaud, Poe y sobre todo la de ese mago poeta que era Mallarmé. A esta lista se suman las revolucionarias teorías de Antonin Artaud sobre el teatro, los cuentos curativos de Álvaro Cepeda Samudio y las "Confesiones de un opiómano inglés" de Thomas de Quincey, autor, además, de otro sulfuroso libro: "Del asesinato como una de las bellas artes". Aunque poco interesados por la poesía española y latinoamericana, en los momentos alucinados, juntos entonábamos con voz ronca y desafinada las canciones libertarias de Joan Manuel Serrat. Nos fascinaba sobre todo deambular por las orillas del Sinú durante las tardes de brisa y los crepúsculos dorados. ¿Qué más decir? Que era comelón, barrigón, gigante y peludo como un ogro, y yo enclenque, demacrado, lo que en cierto sentido me salvó de ser devorado por él. Le gustaban los muchachitos robustos y rellenos como los tres cerditos, su fantasma mayor era ser un lobo y comerse a su abuela y a su madre, para así gozar plenamente del amor de su idolatrado padre.

Todo esto lo digo sin la mínima intención de herirlo. Hay que saber que en vida de su padre, abogado notable muy respetado, las "locuras" de Raúl todo el mundo se las festejaba, pero el día en que su progenitor murió, el mundo entero se las cobró y allí comenzó su largo viacrucis (cárcel, manicomio, vida en parques y calles, menosprecio y hambre) terminando como Cristo crucificado. A ese propósito les tengo una anécdota, una sola: un día de esos, a mi regreso de Bogotá, luego de habernos perdido de vista un largo rato, nos encontramos en la Avenida Primera de Montería, pasamos el puente metálico, y fumándonos una bareta nos fuimos caminando lentamente por la orilla, deleitados por el oro de los rayos reflejados sobre las aguas del río. Al cabo de una media hora, antes de llegar al planchón que atraviesa el río a la altura de la calle 30, nos sentamos alegremente sobre la yerba para platicar. Raúl me pregunta entonces con voz de niño regañado, si para mí, él estaba loco. Luego de un largo suspenso, mirándolo a los ojos, le respondo que no. Pensé que aquella respuesta lo iba a confortar, pero no, se fue poniendo triste y acabó llorando. Le dije también que yo me iba de Colombia para Europa y que él debería hacer lo mismo, pues su talento de director de teatro, comediante y poeta, en un país como el nuestro tan conservador, oligárquico y rosquero, terminaría por ser menospreciado y que él como yo merecíamos un destino superior. Se quedó callado y, al cabo de un rato, con voz agresiva me disparó: ¡lárgate!, ¡yo me quedo! No le respondí, tomamos el planchón, cruzamos el río, y al desembarcar, ¡qué casualidad!, Carlos, que iba de paseo en su carro por la Avenida, frenó al vernos, nos subimos y partimos con él rumbo a Cereté, para llevar a Raúl. Al llegar allí, luego de otra bareta, en el mercado de los fritos y de los jugos lo dejamos. Al día siguiente me enteré de que en vez de irse a casa, se fue directo a la iglesia donde se desnudó, se subió como pudo a la cruz, abrió los brazos y entornó los ojos al cielo como diciendo: ¡Padre mío, perdónalos porque ignoran lo que soy! Raúl murió veinte años después, en una miseria total atropellado por un bus en Cartagena. Nunca se supo si lo mataron o se suicidó, ninguna investigación se hizo, pues para el común de la gente no era más que un pobre tipo que se las daba de loco para pasar la fiesta encuero. De la noche a la mañana, adulado por todos, su tumba se convirtió en santuario de peregrinación, su poesía al fin apreciada se publicó, de súbito aquellos que en vida lo detestaron, muerto ya lo adoraban, inventando, los muy cínicos, haber sido sus amantes o amigos, y hasta los hay que han ganado plata escribiendo libros, haciendo documentos pésimos donde cuentan todo un talego de sandeces y mentiras, hablando más de ellos que de él, o se las tiran de malditos, soñando con ser un día poetas de renombre tan memorables como Raúl. Y lo peor de este cuento es que ahora para ser poeta en Colombia, no basta con pretenderse maldito o con imitar a Cristo, a eso hay que agregarle, con letras fluorescentes sobre la portada del libro, el siguiente rótulo: "¡Soy gay!". Lo que Raúl sin ocultarlo, en aquellas épocas tan godas, nunca reivindicó.

RATONERA ENORME

De ella el que sale, si da un paso falso, se lo come el gato. Medellín la industrial, la católica y liberal sobre los cerros. De una esquina a otra se bebe aguardiente, se ensillan los rezos, la piedad es humo de incienso sobre los tejados. Para vivir con cuidado o para asumir las venganzas se fuma marimba y bazuco sobre el filo de un puñal afilado. Sin embargo cándidas son sus flores y hermosas sus mujeres. Me inspira un poema: *Orquídeas de inmortales pétalos cuando escribo/ lirios de mi muerte cuando no muero /claveles en la herida cuando soy vida/* En los rascacielos del Poblado anida el gran lujo, torres del vértigo menguando crepúsculos con sus fachadas que brillan. Ratonera pobre de aquel suelo en los suburbios, detrás de los cerros una lluvia de balazos cae y acribilla la paz de sus habitantes. Ciudad judía de una estirpe gallarda. Cuna de mis abuelos maternos. *Cacique de Nutibara* retorciéndose en su tinaja mortuoria, porque a sus hijos tan mansos, los envolvió la sombra de un dios soberbio. Para olvidar dolencias: bambuco, borrachera y llanto. Bandeja paisa, el mismo banquete de todos los días compuesto de seis manjares: fríjoles, chicharrones, huevo, aguacate, arroz y tajadas fritas de plátano maduro. El colesterol avanza a destajo, altera continuamente el corazón de la gente. El gato negro de la aniquilación con las uñas afiladas sale a saciar sus ansias; los ratones recogiendo migajas con cuidado, al ver al gato diabólico, ya se esconden en sus cuevas, y hasta el sinsonte hereje, despavorido, huye reclamándole al cielo una muerte más humana. Medellín la pimpollecida, sobre tu alfombra florida cae una extraña escarcha blanca, y sobre tu suelo verde un aguacero de sangre inunda tu valle haciendo sollozar tus cerros.

SARNA A TUTIPLEN

¡Ay, tanta rasquiña me mata! Roída mi piel por los genocidios del sopor presente. Dios es testigo que esta peste se me incrustó en el cuerpo sin cometer pecado. La sangre me hierve, la piel impúdica se me desprende y de noche, una hoguera que siento prendida en cada poro. La chusma de bacterias me cava galerías y túneles bajo el pellejo. ¡Sarna asquerosa! Cometí el error de acostarme en la hamaca de nadie. ¡Ay, con cuidado que me quema! No paro de gritar cuando me embadurna *Corinne* de la cabeza a los pies con esa puerca crema. ¡Rápido, por favor, un abanico para dar viento! De nada me vale, me arden hasta las bisagras de las orejas. Los remedios que me ha dadoel médico en vez de cicatrizarme la piel me han dado llagas. Todo el mundo me da su receta, ninguna me cura, si alguien me sacara de esta rascadura, lo juro, seré su esclavo por siempre amén.

MOHÁN SALVADOR

Mohoso toca a la puerta un sábado en la mañana, pequeño, ancestral, descalzo y solitario bajo su sombrero. De dónde vino nadie lo sabe. Hay quienes dicen que su morada yace en el fondo del río, refugio provisorio de las deidades Zenúes, también de otros espíritus introducidos aquí por la conquista, como *la Cabellona y la Madre de Agua*. Las viejas devotas, a pesar de tantas misas y *Pater Nostrus* siguen creyendo en él ciegamente. Tiene ojos de *bocachico*, el pellejo liso como una rana de alberca, la boca sin dientes como un caimán viejo y a cada mano le faltan cuatro dedos. Afectuoso me dice, "Mijito, quítate la camisa y no tengas miedo." Incrédulo así lo hago. Me acuesta de barriga sobre una estera y se pone a balbucear un rezo en español. Al oír el Credo, defraudado ante semejante majadería, finjo creencia, pero en el fondo la descreencia me va endiablando. Maldiciendo en mis adentros, quiero levantarme, él me lo impide clavando sus dos pezuñas sobre mi espalda. Luego se calla y empieza a sobarme. Y para qué fue aquello, ante el frote de aquel mocho patibulario, tan bien que mal me quedo quieto, me pongo tieso pidiéndole perdón al Todopoderoso por las blasfemias que acabo de pronunciar. De repente siento un alivio, la rasquiña se me calma. El Mohán escupe entonces sobre mi piel, acerca su boca desdentada a mi espalda y casi rozándola sopla lentamente de arriba abajo. El vientecillo al principio me da cosquillas, después sosiego, de improviso adquiere mi espinazo una imantación desconocida. El Mohán remodelándome me voltea, repite sobre mi pecho y estómago la misma operación y para acabar reanuda sus rezos; esta vez, a mi gran sorpresa, no lo hace en español. Otra voz, otra lengua remonta de sus entrañas, un idioma anciano de millones de años pronunciado sin gestos altera su respiración. Poesía de los orígenes, nunca escrita, vertiendo el enigma que tanto esperaba. Memoria de lo cóncavo que nadie habita. La trama inicial subiendo de lo tácito reaparece a pesar del genocidio. El rezo del Mohán transbordado en mi hálito me cura de la sarna, del miedo a la muerte y del vómito propio al destierro.

FIN DE LA TRAMA INICIAL

¡Menos mal que se acabó esta guerra interna! Victoria del pronombre Yo. Un yo urdido, que dice al fin lo incógnito de su ser. Palabras que no obedecen a las cosas, pronunciadas para esbozar o pintar instantes del íntimo ir hacia la trama final. Fuente natal donde residen los vocablos del origen; allí el verbo transido de balbucir le añade lodo a la larva. Adiós Sinú, lejano Sino del dinástico silencio, desobediente, por fin me baño en tus remolinos... Liberado de la doble amenaza ya no hablo, ya no pienso, sigo existiendo sumergido en tu remanso. Recogidas todas las pisadas, la trama desanudada retorna a su manglar. Lo eterno restituido me da el tema para acabarla. Hilos que son lianas, raíces, causalidad, efectos, pelotas del antaño hacen también parte de la designación aquí deshilvanada que tantas veces, a oscuras, sin saberlo tejiera Penélope. De repente el ruido de un bólido, abro los ojos, se esfuma la trama, el avión de regreso aterriza en Londres.

Una primera versión impresa de

EN CASA DEL SUSURRO

vio la luz en el 2006.

Luego una publicación digital

con nuevas correcciones fue publicada el 10 de octubre del 2011.

La presente versión anulas las dos anteriores.

PLEAMAR DIGITAL

17 de febrero del 2015.

Montpellier - Francia

http://pleamareditorial.free.fr/

http://enanburgos.free.fr/

Libros de Enán Burgos publicados por Pleamar Ediciones

y disponibles en Amazon :

Del crepúsculo con toda suerte de pájaros. (Español – poesía).

5 notas para un acordeón (Español – poesía).

Athaix toix pixel o el libro de los mensajes. (Español – poesía).

Antología del agua.(Español - poesía y prosa).

Del cuerpo y sus eclipses.(Español – poesía).

Je n'est plus un autre. (Francés – poesía).

Au kilomètre 0. (Francés – poesía).

Déjà vu. (Francés – teatro).

K.O. (Francés – teatro).

La femme escabeau. (Francés – teatro).

Otros editores :

Nudité / Desnudez. Editorial Fata Morgana. (Poesía bilingüe francés – español).

Sable. Editorial Fata Morgana. (Francés – poesía).

Mala sangre. Editorial Color Gang. (Poesía bilingüe francés – español).

Poésie libertine de chaussures. Editorial Color Gang. (Francés – poesía).

A l'aube du sacré. Editorial L'Harmattan. (Francés – poesía).

La satira del pomodoro. Editorial La stanza del poeta. (Sátira, bilingüe italiano - español).

La ira del sol. Editorial Domens. (Poesía bilingüe francés – español).